Wolfgang Paul Schmid

Eine Goldschmiedschule in Regensburg um das Jahr 1000

Inaugural-Dissertation zur Erlangung der Doctorwürde in der Philosophie

Wolfgang Paul Schmid

Eine Goldschmiedschule in Regensburg um das Jahr 1000
Inaugural-Dissertation zur Erlangung der Doctorwürde in der Philosophie

ISBN/EAN: 9783743391932

Hergestellt in Europa, USA, Kanada, Australien, Japan

Cover: Foto ©Thomas Meinert / pixelio.de

Weitere Bücher finden Sie auf **www.hansebooks.com**

Eine
Goldschmiedschule in Regensburg
um das Jahr 1000.

Inaugural-Dissertation

zur

Erlangung der Doctorwürde
in der Philosophie

verfasst und der

hohen philosophischen Fakultät

der

k. b. Ludwig-Maximilians-Universität zu München

vorgelegt von

Wolfg. M. Schmid.

München 1893.
Kgl. Hof- und Universitäts-Buchdruckerei von Dr. C. Wolf & Sohn.

Geboren am 4. August 1867 zu Passau als Sohn des k. bayer. Betriebsmaschinen-Ingenieurs W. Schmid zu München besuchte und absolvirte ich die Gymnasien zu München und Freising. November 1888 bezog ich die Ludwigs-Maximilians-Universität in München als stud. iur. mich nebenbei mit dem Studium der Literatur, Anthropologie, Prähistorie, Archäologie und spez. der Kunstgeschichte beschäftigend. Bald widmete ich mich ganz den kunsthistorischen Studien unter Leitung meines hochverehrten Lehrers Herrn Prof. Dr. Bertold Riehl, nahm an den Arbeiten im kunsthistorischen Seminar teil und legte im Sommersemester 1893 der hohen philosophischen Facultät nachfolgende Arbeit als Inaugural-Dissertation vor.

                                                  Wolfgang M. Schmid.

Lange genug galt in der deutschen Kunstgeschichte das 10. Jahrhundert als das noch barbarische gegenüber dem 11. Die Einfälle der Normanen im Norden und Westen, der Ungarn im Südosten, der für das Jahr 1000 vorhergesehene Weltuntergang gaben die Begründung jenes Urteils.

Die hochfliegenden Pläne der Ottonen, die massenhaften Klostergründungen und -reformationen wurden dabei ganz übersehen. Was allenfalls von Kunst in deutschen Landen noch fortlebte, war, — so sagte man — kein Zweig vom Stamme nationaler Schaffenskraft, es war erborgt von Byzanz.

Mit dieser Anschauung ist heute allerdings gebrochen und eine gerechtere Beurteilung der nationalen Kunst jener Zeit hat Platz gegriffen. Speziell für die Miniaturmalerei ist jetzt festgestellt, dass das Nachwirken der karolingischen und damit der altchristlichen Kunst ein weit bedeutenderer Factor war als der byzantinische Einfluss.

Einige Gebiete der Kunstproduction der berührten Zeit, wie Elfenbeinschnitzerei, Goldschmiede- und Emailtechnik haben aber noch keineswegs die richtige Beurteilung erfahren, sondern unterliegen auch heute noch vielfach der früheren Byzantinomanie der Kritik.

Für meine seit mehreren Jahren geführten Untersuchungen,

wie weit in den erhaltenen deutschen Goldschmiedwerken des 9. bis 11. Jahrhunderts byzantinischer Einfluss sich geltend mache, boten mir das Hauptmaterial die Prachtdeckel der Handschriften in der Staatsbibliothek zu München. Die Menge des Materials, das bedeutend vergrössert wurde durch die unbedingt notwendige Heranziehung von Werken, die sich heute in der Reichen Kapelle und der k. Schatzkammer in München, dann in Kirchen und Bibliotheken in Aachen, Trier, Essen u. s. w. befinden, die Feststellung der verbindenden und trennenden Merkmale bes. in der Ornamentik, die Zusammenziehung zu Gruppen (Schulen) — alles das lieferte ein Resultat, das über den Rahmen einer Dissertation weit hinausgeht. Deshalb lege ich im Nachfolgenden nur die Bearbeitung zweier Werke einer Goldschmiedschule in Regensburg vor; die aus der Untersuchung des Gesamtmaterials sich ergebenden Resultate durften dabei, da eben die Beweise Raummangels wegen nicht gebracht werden konnten, nur andeutungsweise (p. 36 u. 37) dargelegt werden.

I.
Der Deckel des Codex Aureus.

Das lateinische Evangeliar, Cim. 55, cod. lat. 14000, der Staatsbibliothek zu München trägt auf seinem vorderen Deckel den Schmuck von in Gold getriebenen Reliefs und von höchst zierlichen Steinfassungen, welche ihm den Namen „codex aureus" schon im frühen Mittelalter verschafften. Die Handschrift enthält auf 128 Pergamentblättern, in goldener Unziale die 4 Evangelien und einen Festkalender. Mehrere figürliche Darstellungen sowie Initialen sind minirt. Den Codex schrieben auf Befehl Karl des Kahlen im Jahre 870 zwei Brüder Beringar und Liuthard (wahrscheinlich der Schreibstube von Tours angehörig) und zwar als Copie des von Alcuin für Karl den Grossen verfassten Evangeliars. Nach Aventin, Mabillon u. A. wurde das Evangeliar noch von Karl dem Kahlen selbst, nach einer andern Quelle[1]) erst von Ludwig dem Stammler dem Kloster St. Denis bei Paris geschenkt. Kaiser Arnulf weilte dann gelegentlich eines Krieges 892 in Denis. Von dort liess er[2]) durch seinen Caplan Gisalbert den Leichnam des hl. Dionys stehlen, um später gegen eine Hand des Heiligen von dem Abt Ebulo von Denis den prachtvollen Codex einzutauschen. Aventin

---
1) Sanftl p. 24.
2) Bolland. Oct. Band 4, p. 956. — Sanftl p. 26.

aber berichtet¹) — und dies hat wohl mehr Wahrscheinlichkeit —, dass Arnulf beim Friedensschluss von Otto von Francien den Codex als Geschenk erhalten habe.

893 kehrte nun Kaiser Arnulf von einem Sieg über Svatoplnk von Mähren nach Regensburg zurück und beschenkte neben vielen andern Klöstern „durch ganz Noricum" besonders das Kloster Emmeram, dessen Heiliger sein spezieller Patron war. Es erhielt den ganzen „ornatus palatii sui." Darunter befand sich ein goldenes Tragaltärchen in Form eines Ciboriums (jetzt in der Reichen Kapelle in München) und unter vielen gemalten und mit Gold und Edelsteinen geschmückten Evangeliarien auch der Codex aureus.²) Kaiser Konrad (911 bis 918) nahm denselben wegen seiner Pracht vom Altar des Klosters, erkrankte aber auf die Beschwörung des Abtbischofs Tuto (895—930) so plötzlich, dass er den Codex schleunigst restituirte.³) Ausser der grossen Renovation zu Ende des 10. Jahrhunderts, fand noch 1608 eine solche unter dem Abt Hieronymus statt, welche sich aber bezüglich des Deckels darauf beschränkte, dass man die beiden Holztafeln desselben mit purpurbraunen Leder überzog und den früheren goldenen Schmuck vorne wieder befestigte. Durch die Säcularisation kam der Codex dann aus Emmeram an seinen jetzigen Aufbewahrungsort.

Dem Evangeliar ist ein Blatt vorgeheftet, welches das Bild des Emmeramer Abtes Ramvold (975—1001) mit der Inschrift: Ramvoldus Indign' abbas zeigt; darunter steht:

Hunc librum Carolus quondam perfecit honorus Quem nunc Hemrammo Ramvold renovaverat almo. Und am Schluss des Codex fol. 126 a: Domni Abbatis Ramvoldi jussione hunc librum Aripo et Adalpertus renovaverunt. Sis memor eorum.

An diese Notizen anknüpfend bezog man die Renovirung des Ramvold auf den Deckel und erklärt jetzt den Schmuck

---

1) Annal. Boic. lib. IV, caput 20.
2) Arnolfus Monachus p. 109.
3) „ „ p. 110.

desselben als echt byzantinisches oder deutsch-byzantinisches Werk, entstanden um 975.

Es ist für die Untersuchung über den wirklichen Ursprung des Deckelschmuckes wichtig, zu verfolgen, wie allmählig bei den Schriftstellern dieses Urteil entstand.

Die früheste Mitteilung bringt Arnolfus (häufig fälschlich als Arnoldus zitirt) Graf von Cham und Voburg, Mönch und 1032 Probst in St. Emmeram, welcher zwischen 1036 und 1044 2 Bücher, „de miraculis beati Emmerami" schrieb.[1])

Er beschreibt das ganze Arrangement des Deckels und speziell die charakteristische Steinfassung genau so, wie dies alles heute noch ist. Das geschieht aber bei Erwähnung der Geschenke des Kaisers Arnulf an das Kloster Emmeram, so dass es den Anschein hat, als ob er den Deckelschmuck als noch aus dieser Zeit herrührend betrachte. Diese freilich nicht klar ausgedrückte Meinung wird aber geschwächt dadurch, dass er die Basreliefs des Deckels nicht erwähnt, von der inschriftlich sicheren Renovirung des Codex durch Ramvold nichts weiss, obwohl er bald nach Ramvolds Tod in das Kloster kam; ferner, dass er auch den Schmuck des schon erwähnten Tragaltärchens des K. Arnulf nicht beschreibt. Seine Autorität als ein mit der fraglichen Renovirung fast gleichzeitiger Schriftsteller verliert dadurch.

Die nächste Anmerkung bringt Abt Coelestin (1680), der sich begnügt zu sagen: Das Buch hat Ramvold erneuern lassen.[2]) Erst Georg von Eckhart 1729[3]) geht auf die Frage näher ein und bezieht renovare auf den Deckel (operculum). Abt Joh. Baptist, welcher die Chronik des Coelestin kommentirte und fortsetzte (1752), bleibt mit Verweis auf Eckhart bei „erneuern"[4]). Ein anonymer Reliquiarienkatalog

---
1) publizirt in Henrici Canisii lectiones antiquae mit Commentar von Jac. Basnage, III. Bd. in dieser Abhandlung zitirt als „Arnolfus Monachus".
2) Mausoleum Bd. I p. 100.
3) Commentarii de rebus Franciae orientalis. Bd. II p. 563.
4) Mausoleum, Bd. I p. 106.

von Emmeram (1761) sagt „wiederum verfestigen" (also = neu. binden.[1]) Der Bibliothekar Coloman Sauftl, welcher 1786 eine besondere Schrift über den Codex aureus verfasste, glaubt ebenfalls, dass der Deckel renovirt wurde; doch bemerkt er auch, dass die Miniaturen und die Goldschrift Spuren einer Ausbesserung zeigen.[2])

Labarte[3]) gibt eine ziemlich vollständige Beschreibung und meint, der Deckel sei unter Ramvold von einem deutschen Künstler gefertigt. Die goldenen Flachreliefs nennt er aber sicher byzantinisch infolge von Aehnlichkeiten mit griechischen Miniaturen des X. Jahrhunderts. Er glaubt auch, dass der Deckel Arnulfs (resp. Karls des Kahlen) keine künstlerische Bedeutung hatte. Förster[4]) hält den Deckelschmuck trotz der Renovirung unter Ramvold für ein karolingisches Werk mit byz. und antik. Vorbildern. Sigbart[5]) stellt sich ähnlich zu der Frage, denkt aber bei den Vorbildern an Einfluss aus Italien und Südfrankreich. Lübke[6]) erkennt ein Werk des Ramvold unter byz. Vorbildern und fügt bei: „Der karolingische Deckel war von Edelsteinen und Perlen ganz überladen gewesen und, obwohl der neue ebenfalls auf das reichste ausgeschmückt wurde, blieb noch so viel übrig, dass 4 Kelche damit ausgestattet werden konnten." Trotz eifrigsten Suchens konnte die Quelle für diese Notiz nicht gefunden werden, bis letztere sich als unrichtige Uebersetzung eines Passus bei Labarte, den dieser aus Arnolfus Monachus herübergenommen hatte, erwies.

Falke erkennt in den Steinfassungen die byz. Weise und meint: „Wenn das Werk nicht ausserhalb Deutschlands entstanden ist, so kann es nur aus der Hand jener Künstler

---

1) Bericht von denen hl. Leibern, p. 79.
2) Sanftl, p. 28.
3) l'histoire I 336 u. 375.
4) Geschichte der deutschen Kunst 36.
5) Geschichte der bild. Künste in Bayern I 47.
6) Geschichte der deutschen Kunst 115.

hervorgegangen sein, welche Theophanu aus Byzanz mitgebracht hat." Seine Ansicht verliert an Wert dadurch, dass er die interessanten Flachreliefs gar nicht bespricht, dafür aber den Deckel mit „Elfenbeintäfelchen" besetzt sein lässt, wovon keine Spur vorhanden ist.

Man sieht also, dass die fortwährend schwankenden Meinungen sich zu dem oben angeführten Urteil, welches aber durch keine direkten Beweise gestützt wird, zusammenfassen lassen.

Hiezu kommen als noch unberührte Fragen, welche das Werk selbst aufstellt:

1. Wenn das renovare der Inschrift blos die Bedeutung „frischbinden und die Miniaturen restauriren" hätte, so wäre kein Grund vorhanden, diese doch recht geringwertige Arbeit in so pompöser Weise, wie es der Codex durch Dedicationsbild und Inschriften thut, anzukündigen. Renovare muss also eine gewichtigere Bedeutung haben. Auch gibt Sanftl[1]) schon mehrere Stellen an, wo renovare, reparare in der Bedeutung von „neu machen" speziell bei Codicesdeckeln steht.

2. Den Ursprung des Deckels ausserhalb Deutschlands zu suchen, geht nicht an, weil ein so kostbarer Codex nicht fortgegeben worden wäre und wäre der Schmuck allein auswärts gemacht worden, so konnten die Künstler sich nicht im Codex selbst (als renovatores) bezeichnen. Ein Anderer würde es in der gegebenen Form[2]) auch nicht gethan haben. Da also Aripo und Adalpert die Renovatoren des Ramvold sind und ihr „renovaverunt" sich auch auf den Deckelschmuck beziehen muss, so können wiederum „byzantinische Künstler in Deutschland" das Werk nicht gemacht haben. Denn jene Namen sind echt deutsch und zwar ist Adalpert gerade im 10.

---
1) p. 28.
2) Im Codex selbst, fol. 126a.

(und 11.) Jahrhundert in der Rheingegend sehr häufig, während Aripo (Arbo) speziell in (jetzig.) Niederbayern und Oberpfalz in den diplomata der kritischen Zeit sehr oft sich findet.

3. Einige technische Auffälligkeiten sollen später bei der Beschreibung des Deckels angemerkt werden.

Ein sicheres Resultat kann aber nur durch eine genaue stilistische Vergleichung gewonnen werden, der eine sorgfältige Beschreibung des Deckelschmuckes vorherzugehen hat.

Die Länge des Deckels ist 42,5 cm, die Breite 33 cm (Arnolfus nennt ihn cubitalis). Die Einteilung der Fläche ist folgende:

1. Ein 6 cm br. R a h m e n aus Goldblech, besetzt mit Edelsteinen und Filigran, zieht sich um das ganze Rechteck des Deckels.
2. Das M i t t e l b i l d, Majestas Christi in Gold getrieben, umgeben von einem schmalen mit Edelsteinen und Perlen besetzten Rahmen ist 18 cm lang und 15 cm breit.
3. Der zwischen dem Mittelbild und dem äusseren Rahmen gelegene freie R a u m (area) trägt in Gold getriebene Flachreliefs, l i n k s: die Evangelisten Matthaeus und Marcus, r e c h t s: Johannes und Lukas; o b e n: Christus mit der Ehebrecherin und die Austreibung aus dem Tempel, u n t e n: Die Heilung des Aussätzigen und die des Blinden.
4. Von der Mitte jeder Seite des Mittelbildes aus geht je ein kurzer „Steg" zum äussern Rahmen, besetzt mit einem grossen Malachit und 4 Perlen. Durch diese 4 Stege werden links und rechts die Evangelistenbilder, oben und unten die biblischen Darstellungen von einander getrennt.

In dieser Einteilung der Fläche ist ein Fortschritt zu erkennen. Gewöhnlich wurde in die Mitte e i n e Darstellung (Elfenbeinschnitzerei, getriebenes Relief) gesetzt und diese

mit einem Rahmen umgeben. Vom 10. Jahrhundert an werden
dann auf dem Mittelbild ohne tectonische Trennung eine Anzahl Episoden erzählt (vgl. die Elfenbeintafel auf dem Missale
Heinrichs II. München Staatsbibl. Cim. 57). Beim Deckel
des codex aureus geht die Einteilung offenbar auf die sog.
fünfteiligen Elfenbeindiptychen zurück, die ja auch als Deckelschmuck verwendet wurden. Denn hier wie dort ist in der
Mitte das Hauptbild, die Darstellungen rechts und links davon, meist Einzelfiguren, stehen in näherer, die episodenhaften Darstellungen oben und unten in weiterer Beziehung
zum Mittelbild. Zu bemerken ist noch, dass der Deckel des
Codex Otto III. in Aachen, aus dem X. Jahrhundert stammend,
eine gleiche Flächeneinteilung aufweist, die in ihrem Schema
auch an karolingische Miniaturen anklingt.

Bei der folgenden genauen Beschreibung wird die Fassungsart der Edelsteine gesondert behandelt, da sich beim Studium
von ca. 200 Goldschmiedwerken vom 6.—13. Jahrhundert
resp. deren Abbildungen herausgestellt hat, dass für gewisse
Zeitabschnitte und Entstehungsorte besondere Fassungsformen
charakteristisch sind und ein gutes Datirungsmittel abgeben.

Der Deckel trägt heute: 59 Malachite, einige von der
besondern Grösse 3,5 : 2,5 cm; bisher waren sie fälschlich
als Smaragde bezeichnet; 21 Saphire von der durchschnittlichen Grösse 1,5 : 2 cm; 90 Perlen, 18 solche sind verloren.

Alle Steine sind cabochons; die Malachite sind zylindrisch,
die Saphire ei- oder birnförmig geschliffen; eine Anzahl der
letzteren, sowie die meisten Perlen sind durchbohrt, so dass
sie früher wahrscheinlich an anderer Stelle schon Verwendung
gefunden hatten, als Frauenschmuck oder als Pendeloques an
Kreuzen, Kronen etc. Der Schliff stimmt überein mit dem,
was Theophilus noch im XI. Jahrhundert in div. art. schedula
schreibt; er kennt nur das Poliren, Auseinanderschneiden und
Durchbohren der Edelsteine, während byz. Steine des X.
und XI. Jahrhunderts schon tafelförmig geschliffen sind. Im

Rahmen des Mittelbildes ist ein einziger tafelförmig geschliffener Stein eingefügt, der ein Monogramm trägt, das unten noch näher zu besprechen ist.

Die Fassungen der Steine und Perlen sind nun von fünf verschiedenen Arten:
1. Ein Streifen (ausgestanzter) acanthusartiger Ornamente ist viereckig zusammengelötet und bildet so eine Kassette (Arnolfus: castellum). Zwei einfache Filigranvoluten, durch ein kleines Band zusammengehalten, sowie oben und unten ein Perlfaden sind aufgelötet. Aus dieser Kassette steigt erst der schmale Streifen von getriebenen Acanthen empor, der den Stein umklammert. v. fig. 1.
2. Auf das wie bei 1. gestellte Castellum legt sich eine ornamentirte Platte, aus der erst die eigentliche Fassung hervorgeht, so dass das Profil dieses Systems treppenförmig ist. Der Grundriss ist dabei nicht viereckig, sondern oval; v. fig. 2.
3. Die im Grundriss viereckige Kassette (domuncula) ist von Arkaden durchbrochen, um welche sich Filigranfäden legen. Die zwischen den Bogen stehenden „Pfeiler" haben eine viereckige Basis. v. fig. 3.
4. Besonders geschmackvoll sind die „Kelche" getrieben; der Nodus durch Filigran abgeschnürt; oben legt sich abwechselnd eine runde oder viereckige Platte auf, aus welcher erst die eigentliche Fassung emporsteigt. v. fig. 4a—c.
5. Ein getriebener Cylinder (Arnolfus: propugnaculum) mit geringer Profilirung. v. fig. 5.

Alle Teile dieser Fassungen sind aus Gold hergestellt. Nr. 1—3 sind à jour und bei ihnen sind die Oeffnungen der Kassetten innen verdeckt durch blaue oder weisse Seide, sowie manchesmal durch weisses oder hellviolettes Pergament. Diese Füllung ist jedenfalls original. Alle Fassungen sind auf den Grund (ebenfalls Goldblech) aufgelötet (die Befestigung derselben durch Nieten tritt im Beginn des 12. Jhdt. auf).

Die Fassung fig. 1 trägt die grossen Malachite in den Ecken, kommt also 4 mal vor. — Fassung 2: die grossen Saphire des äussern Rahmens; 16 mal. — Fassung 3: die kleinen Malachite 40 mal. — Fassung 4 mit runder Deckplatte die Perlen, mit viereckiger Deckplatte die Malachite und Saphire des Mittelbildrahmens. Die 4 grossen Malachite der 4 „Stege" ruhen ebenfalls auf je 4 solcher „Kelche"; 48 mal. — Fassung 5: die Perlen in den Stegen und dem äussern Rahmen; 70 mal.

Zum Vergleich ist hier heran zu ziehen, was Arnolfus Monachus[1]) über diese Fassungen schreibt: „ . . . e quibus (evangeliis) unus est cubitalis; opere precio, pondere, siquidem talis, ut ei non facile inveniri possit aequalis. Cujus in dextra parte dispositio gemmarum complet centenarium etiam numerum, quarum quaedam adeo quantitate praeeminent, ut quattuor ex his calices operiant[2]) sedecim, in figuram Sanctae crucis, per singulos quaternis ordine medio dispertitis. intimus autem ordo contractior calices habet triginta duos, singulatim gemmis minoribus opertos, quibus venuste respondet extimo (ordine) amplioribus per castella dispositis nec non margaritis per propugnacula insertis deliciosissime compto. Arnolfus kennt also den Deckel genau so, wie er heute noch ist: die 32 Kelche des innern Rahmens stimmen, ebenso dass die 4 Edelsteine der 4 „Stege" — in medio ordine dispertitis in figuram Crucis — zusammen 16 Kelche (einer je 4) bedecken. Labarte[3]) übersetzt diese Worte Arnolf's ungenau wie folgt: seize des ces pierres furent employées à decorer quatre calices: quatre pierres disposées en forme de croix suffirent pour recouvrir presque entièrement la coupe de chacun des ces vases. Er ergänzt also zu sedecim den Nominativ gemmae und bezieht calices zu quattuor. Nach dieser Uebersetzung hat jedenfalls Lübke seine schon erwähnte Notiz

---

1) p. 109. Eckhardt, II 750.
2) Canisius schreibt aperiant, während ein noch ausführlicheres Regensburger Manuscript des Arnolfus, wie auch Eckhardt eperiant haben.
3) l'histoire I 375.

gegeben, dass von den übrig gebliebenen Steinen noch vier Kelche geschmückt werden konnten.

Die oben angeführten Worte des Arnulf bilden seine ganze Beschreibung des Codex; von den goldenen Basreliefs und den Miniaturen spricht er gar nicht. —

Die Fläche des äusseren Rahmens ist zwischen den Steinfassungen mit einem Filigranornament von ganz einfachen Voluten bedeckt. Die Ranken sind an ihrem Abzweigungspunct durch eine kleine Querstange zusammengehalten, eine Weise, die sich vom 9.—11. Jhrt. häufig findet; der Faden ist von feinster Ausführung; denn auch die kleinste Perle desselben zeigt um ihren Aequator einen Schnitt, der oft nur mit dem Vergrösserungsglas sichtbar wird. (Die Art der Ausführung des Filigranfadens sowie der Zug der mit ihm gebildeten Ornamente gibt ebenfalls Anhaltspuncte zur Datirung, allerdings nur innerhalb grösserer Perioden.)

Im äusseren Rahmen ist zwischen den Steinfassungen, zur gleichen Höhe gehoben, ein weiteres Decorativ: Von einer Perle geht nach zwei Seiten hin eine dreiblättrige Palmette aus. Diese Palmette ist gebildet durch aufrecht stehende Bändchen, welche abwechselnd rotes und grünes resp. rotes und blaues Glas umschliessen (also eine Art verroterie cloisonné). Den Grund decken regellos aufgestreute Goldkörner. v. fig. 6.

Ein weiteres Decorativ, welches ebenfalls Zellen bildend grünes und rotes Glas trägt und mit Filigran und Körnern geziert ist v. fig. 7, ist zwischen den Kelchen des Mittelbildrahmens aufrecht stehend angelötet. Es ist von ganz besonders feiner Ausführung.

Hinzuweisen ist noch auf die (bei fig. 2 u. 4c sichtbare) Gewohnheit, drei Goldkörner als Decorativ zusammenzustellen. Manches mal liegt auf den drei oben noch ein viertes Korn.

Die Formen der Fassungen sind äusserst geschmackvoll

und rufen durch ihre grosse Zahl einen brillanten Eindruck
hervor. Näher besehen ist aber die Ausführung der Einzelheiten keineswegs immer genau, sondern vielfach unsym-
metrisch, ungeschickt, so dass eine noch nicht auf dem Gipfel
der Fertigkeit stehende Hand darin sich kund gibt.

Von den Reliefs zeigt das Mittelbild die Majestas Christi.
Unbärtig, aber nicht mit rein jugendlichen Gesichtszügen,
das Haar in der Mitte gescheitelt, auf den Schultern bollige
Locken bildend, Finger und Zehen überlang, sitzt Christus,
bekleidet mit Unterkleid und Mantel auf einem Kissen,
welches auf einer Scheibe aufliegt; hinter ihm ist eine zweite
runde Scheibe, die Füsse stützen sich auf eine dritte solche
etwas kleinere (Gewöhnlich nimmt man an, dass der Kreis,
auf welchem Christus sitzt, der Regenbogen, der Kreis hinter
ihm der Himmel und der zu seinen Füssen die Erde sei.
Zu dieser Ansicht haben vielleicht die Miniaturen Anlass
gegeben, welche den mittleren Kreis vielfach in den Regen-
bogenfarben bringen. Wäre die Ansicht aber richtig, so
dürfte an Stelle des unteren Kreises, der die Erde sein soll,
nicht oft eine viereckige Figur treten. Das geschieht aber
in Miniaturen und an Elfenbeinschnitzereien (cfr. Westwood
Fictile Ivories Nr. 326,) und das beweist, dass der untere
Kreis eben nur ein Schemel, ein Fusskissen sein soll und
ist, während Christus auf der Weltkugel sitzend hinter sich
die Aureole des Himmels hat.) Die Rechte ist zum lateinischen
Segens- richtiger Lehrgestus erhoben, die Linke stützt auf
den linken Schenkel ein offenes Buch, auf dessen Blättern
die Worte: Ego sum via et veritas et v (= vita) zu lesen
sind. Hinter dem Kopf ist der Kreuznimbus. Die ganze
Gestalt zeigt schlanke Proportionen; die im Nachklang der
antiken Kunst noch klar hervortretenden Körperteile geben
eine ziemlich gute Motivirung der Gewandfalten. Auffallend
ist der stark vortretende Unterleib und an den Enden der
Tunika eigentümlich geschnörkelte flatternde Zipfel, die

eigentlich nur bei einer starken Bewegung des Körpers, nicht
aber bei einer sitzenden Figur gerechtfertigt sind. In den
4 Ecken des Bildes sind 8strahlige Sterne.

Von den Evangelisten ist links oben Matthäus, unbärtig,
vor einem Pult mit Tintenfass sitzend, im Hintergrund eine
Architectur, in der Linken eine geöffnete Rolle haltend, in
die er eben die Worte: Liber Generacionis eingetragen hat;
oben sein Symbol.

Von Matthäus durch einen Steg getrennt ist links unten
Marcus; in der ganzen Haltung ähnlich wie Matthäus, spitzt
er mit forçirter Gebärde seine Feder; oben der geflügelte
Löwe. Rechts oben ist Johannes, der einzige Bärtige der
Evangelisten; im Begriff, seine Feder einzutauchen, im
Schooss ein Buch mit den Worten: In principio, blickt er
zu seinem Adler empor. Rechts unten Lucas in gleicher
Stellung wie Johannes.

Alle 4 Evangelisten sind so ins Profil gestellt, dass sie
ihr Gesicht zu Christus richten; die Gewandung zeigt nichts
Auffallendes. Im Hintergrund ist immer eine Architectur.

Die biblischen Darstellungen sind:

Links oben: Christus mit der Ehebrecherin[1]); rechts die
Ehebrecherin in Begleitung zweier Pharisäer, welche Christus
die Hände entgegenstreckt; links beugt sich Christus nach
vorne, um auf den Boden die (im Hintergrunde zu lesenden)
Worte: Si quis sine pecato zu schreiben Der schlecht be-
wegte Christus und der hinter ihm stehende Jünger, mit
einer Rolle in der Hand, sind unbärtig. Im Hintergrund
eine Stadtmauer mit Thor auf Säulen. Links unten: Christus
und der Aussätzige.[1]) Der Leprose kommt auf eine Krücke
gestützt, den Leib mit Geschwüren bedeckt mit vorgestreckten
Armen von rechts. Christus, hinter ihm 2 Jünger, segnet
den Kranken, von dem er durch einen dreiteiligen schema-

---

1) Johannes VIII 1—12.
2) Matthäus VIII.

tisirten Strauch getrennt ist; kein architektonischer Hintergrund.

Rechts oben: Christus treibt die Kaufleute aus dem Tempel.[1]) Christus, in der erhobenen Rechten einen Strick, packt mit der Linken einen Geldwechsler, dem seine Tischplatte mit Gefässen und Waage entfallen ist, bei den Haaren. Nach rechts enteilen ein Kaufmann und ein Taubenhändler. Im Hintergrund wieder ein Stadtthor mit Gebäuden. Die 3 Kaufleute tragen Beinkleider und kurze Leibrocke.

Rechts unten: Die Heilung des Blindgeborenen.[1]) Ausnahmsweise sind hier auf einem Bilde zwei Episoden vereinigt: links bestreicht Christus die Augen des Blinden, rechts wäscht sich dieser im Teiche Silon. Eigenthümlich ist dieser Teich dargestellt: aus der Stadtmauer im Hintergrund fällt ein Wasserstrahl in ein am Boden stehendes Gefäss. Das letztere besitzt auffallender Weise die ganz gleiche Form wie die „Kelche" der Steinfassung.

Zusammenfassend ist über diese 4 biblischen Darstellungen noch zu bemerken: Christus und die (Apostel) Jünger sind immer unbärtig, meist in der Hand eine Rolle haltend. Die Proportionen sind schlank, Hände und Füsse meist zu lang, der Unterleib manchmal zu stark vorgetrieben. Da unter dem Gewande die einzelnen Körperteile deutlich hervortreten, so sind die Falten im Grossen und Ganzen richtig motivirt; nur zeigen sich an den unteren Partien die verschnörkelten Zipfel wie bei der Majestas. Den Vordergrund bildet ein grosschuliger Boden, aus dem einzelne Grashalme hervorwachsen. Sämmtliche Figuren aber stehen oder gehen keineswegs kräftig auf ihn, sondern schweben gleichsam darüber hin.

Zur Ausführung ist zu bemerken, dass alle Reliefs augen-

---
1) Marcus XI.
2) Johannes XI.

scheinlich von einer Hand stammen. Alle Teile der Figuren sind zu einander proportional getrieben, so dass keineswegs, wie seit dem Beginn des 11. Jahrhunderts, die Köpfe gegenüber dem sonstigen Körper unverhältnismässig stark hervortreten. Das Bild eines Evangelisten und die ihm zunächst befindliche biblische Darstellung sind je auf **e i n e r** Platte ausgeführt. Die Platten sind von $^1/_3$ mm dickem Goldblech (nicht vergoldetes Silber) und die Darstellungen von innen getrieben (opus ductile, Teophilus, div. art. sched. II 73). Einzelheiten, wie die Bärte, sind von aussen gravirt.

Nachdem der Deckelschmuck so im Detail beschrieben, wenden wir uns zur Vergleichung desselben mit anderen Goldschmiedewerken. Die so characteristische Steinfassung legte es nahe, sie als Vergleichsmittel zu benützen. Im Zusammenhalt mit etwa 150 Werken (in Original oder Abbildung eingesehen, welche in eine karolingische, byzantinisch- (italienische) und eine romanisch- (deutsche) Gruppe eingeteilt, in einer Liste am Schlusse p 43 zusammengestellt sind) ergab sich folgendes:

1) An keinem der **sicheren karolingischen** Goldschmiedwerke ist eine ähnliche Fassung zu finden wie am codex aureus; auch nicht das Prinzip derselben, das sich hätte weiter entwickeln können. Die Fassung ist hier ein glattes, undurchbrochenes Gehäuse, unten meist mit Filigranring.

2) Auch die **ech t by z a n t i n i s c h e n** sowie die italienisch-byzantinisirenden Werke zeigen nichts ähnliches. Hier ist gewöhnlich ein glattes Gehäuse, oben und unten ein Filigranring, manchmal eine treppenförmige Abstufung. Ueber den Stein greifen öfters 4, seltener eine ganze Reihe getriebener oder gestanzter Acanthusblätter.

3) Die **ottonischen und romanischen deutschen** Werke zeigen gewöhnlich noch die rohe Form der karolingischen Fassungen; vom 11. Jhrdt. an greifen gewöhnlich 4 später mehr Zacken über den Stein. Auch wird das Gehäuse,

das früher aufgelötet wurde (was noch Theophilus vorschreibt) später mit einer langen Niete in die Grundplatte eingelassen.

4) Aus den deutschen Werken aber sondert sich eine Gruppe scharf ab, die infolge gleicher oder ähnlicher Steinfassung eine geringere oder grössere Verwandtschaft mit dem Codex aureus haben. Die Gruppe umfasst eine Periode von ca. 975—1050 n. Chr.

Die frühesten und zugleich sicher datirten Werke der Gruppe stammen aus Trier, wo sie auf Veranlassung des Erzbischofes Egbert (von Trier 977—993) entstanden sind.[1])
Das erste der Werke ist der sog. „Petrusstab", gefertigt 980. Er zeigt 20 in Goldblech getriebene Papst- und Bischofbilder, 8 figürliche Darstellungen in Zellenemail und die durchbrochenen Steinfassungen. Derselbe ist, wie Inschrift, die Bilder der Trierer Bischöfe, der Stil derselben und die absolute Verschiedenheit der Figurenemails von echt byzantinischen Arbeiten beweisen, ein deutsches Werk.

Das zweite Werk ist der „Andreasschrein" ebenfalls auf Egberts Befehl gefertigt. Die Ornamentik der einen Schmalseite ist so conform derjenigen der fränkischen Gewandfibeln mit Glaseinlagen in Zellen (aus dem 7—9. Jahrhundert), dass das Werk eben auch in Deutschland entstanden sein muss. Am Schrein findet sich Zellenemail und die characteristischen Fassungen à jour, sowie ein eigentümliches Decorativ: eine Perle, von der nach zwei Seiten ein herzförmiges Ornament ausgeht, das in Zellenmanier rotes Glas eingeschlossen trägt. Letzteres Ornament findet sich an keinem byz. Werke. Der Codex, den die Kaiserin Theophanu mit ihrem unmündigen Sohn Otto III. nach Echternach stiftete, trägt das eben erwähnte herzförmige Decorativ, das für die Werke aus Egberts Kreis characteristisch ist; der Zellenschmelz ist ganz

---

1) Die beste Zusammenstellung der Trierer Goldschmiedewerke gibt St. Beissel in den „Stimmen aus Maria Laach".

ähnlich dem am Andreasschrein. Da auch die Miniaturen mit solchen zu Egberts Zeiten in Trier gemalten übereinstimmen, da Egbert selbst der Kaiserin sehr nahe stand, so ist auch der Deckel des Theophanucodex als in der gleichen Werkstätte entstanden anzunehmen, wie der Petrusstab und der Andreasschrein. Und diese Werkstätte war in Trier. Dafür sprechen noch Briefe des Abtes Gerbert in Reims, des gelehrtesten Mannes seiner Zeit, an Egbert. Epistola 104 zwischen Juni und Oktober 987: Destinato operi designatas mittimus species (Zeichnung); admirabilem formam, quae et mentem et occulos pascat, frater efficiet fratri, soror sorori . exiguam materiam nostram magnum ac celebre ingenium vestrum nobilitavit, cum adjunctione vitri (Email!) tum compositione artificis elegantis. Dann Epistola 106: Et quoniam per Virdunum nobis iter est, eo crucem vestra scientia, ut speramus elaboratam, si fieri potest, cal. Nov. dirigite . sitque hoc pignus amicitiae. Ita opus placens dum oculis crebrius ingeretur indissolubilis amor in dies augmentabitur (In Andreas du Chesne, Bd. II.) Egbert liess also unter seiner Aufsicht für Gerbert ein Kreuz mit Emailschmuck machen. Uebrigens beschenkte er auch sein Stammkloster Egmond in Holland reichlichst: libris, aurea tabula immensi pretii nec non pretiosa cruce decoravit.[1]) Zweifellos war die Werkstätte im Kloster St. Maximin, dessen Schatz sehr bedeutend war; der dortige Mönch Gosbert goss einen kunstvollen Brunnen und es nahm infolge der Gunst der Kaiser und regiert von tüchtigen Aebten um diese Zeit eine ganz exzeptionelle Stellung ein. Von ihm gingen zu Ende des 10. Jahrhunderts eine Menge von Mönchen als Reformatoren nach Klöstern in den verschiedensten Teilen Deutschlands; so 978 'Hartwig nach Tegernsee († 982), Ramvold 975 nach Emmeram und überall blühten nach ihrem Eintreffen Klosterzucht, Wissenschaften und Künste auf. Auch Bernward v. Hildesheim hatte den Abt von Maximin, Folcmar, zum Lehrer.[2])

1) Mabillon, Annales IV 76.
1) Mabillon, Annales IV 77.

Mit dem Andreasschrein, dem Petrusstab und dem Echternachercodex hat die Fassung unseres codex aureus so viel Aehnlichkeit, dass er unbedingt der „Schule" von Sct. Maximin in Trier zugehören muss. Ausser der stilistischen Zusammengehörigkeit der Werke ist aber auch noch der engste Zusammenhang des Abtes Ramvold, unter dem der Deckel des codex aureus renovirt wurde, mit dem Kloster Maximin in Trier nachzuweisen. Zu diesem Zweck muss ein kurzer Abriss der Geschichte des Klosters Emmeram gegeben werden.

Emmeram war (trotz der Behauptung seiner späteren Geschichtsschreiber, welche es als ein schon seit Karl dem Grossen exemptes Kloster hinstellen wollten) ein Kathedralkloster d. h. den Bischöfen untergeben. Dieselben hatten anfangs sogar ihren Sitz dort, verlegten ihn aber 792 nach St. Stephan in die Stadt. Auf dem bischöflichen Stuhle wechselten immer ein Mönch von St. Emmeram und ein Canoniker. Die Bischöfe aber benützten das Kloster, resp. dessen durch die Güte der Herzoge von Bayern schon sehr grossen Gütererträgnisse für sich und ihr Kapitel, so dass den Mönchen nur wenig blieb, sie vielmehr für ihren Unterhalt eifrig thätig sein mussten, wodurch bei mangelnder Aufsicht die klösterliche Zucht gar bald sehr gelockert wurde. — Der hl. Wolfgang[1]) nun, aus einem schwäbischen vornehmen Geschlechte stammend, kam mit 7 Jahren nach dem Kloster Reichenau, wo er fleissig lernte. Mit Heinrich, dem Bruder des Bischofs Popo, ging er nach Würzburg, wo er seinen „wälschen" Lehrer Stephanus bald überflügelt haben soll. Als Heinrich Erzbischof von Trier wurde, siedelte er mit demselben dorthin über und war in St. Maximin als Lehrer thätig. 964 mit Heinrichs Tod von Trier fortgezogen, machte Wolfgang Missionsreisen nach (Einsiedeln) Schwaben, Bayern bis hinunter nach „Pannonien." Durch Vermittlung des Bischofs Pilgrim von Passau wurde er dann von Otto II. dem

---

1) Arnolfus p. 120. — Coelestin p. 72—78.

Kapitel von Regensburg empfohlen und auch 972 zum Bischof gewählt. Er traf in den Regensburger Klöstern die schlimmsten Verhältnisse an, die zu bessern seine erste Aufgabe war. In Emmeram erreichte er dies dadurch, dass er das Kloster vom bischöflichen Stuhle vollständig unabhängig machte. 975 berief er seinen Vetter (patruelis) Ramvold[1]) aus St. Maximin, machte ihn zuerst zum Propst und bald zum Abt.

Ramvold geboren 901, kam etwa 920 nach Trier[2]), lernte dort unter Amalarius Fortunatus, dem Schüler des „grossen" Alcuin und unter dessen Nachfolger Hatting 930 Mönch in Maximin geworden, war er dort Lehrer; eine innige Freundschaft verband ihn mit Wolfgang. Bei seiner Berufung nach Emmeram war er schon ein alter erfahrener Mann[3]). 975 brach zwischen Otto II. und Heinrich dem Zänker von Bayern ein Krieg aus, welcher die Gegend von Regensburg in Mitleidenschaft zog.[4]) Wolfgang flüchtete bald; später auch Ramvold, welcher in sein Professkloster Maximin zurückkehrte; 980 kehrte er wieder nach Emmeram, brachte viele Reliquien mit und erbaute eine grosse Crypta mit 6 Altären, welche Wolfgang 981 einweihte.[5]) Des Ramvold reformatorische Thätigkeit war von bestem Erfolge begleitet und das Kloster nahm an Zucht[6]), Pflege von Wissenschaft und Kunst wie an Gütern rasch den bedeutendsten Aufschwung. Eine Menge Schüler,

---

1) Arnolfus 123. reverendissimum Ramvoldum evocavit, annis et moribus maturum.
2) Bolland. 17. Juni (Juni III, 417).
3) Arnolfus 127: etiam in exterioribus dispensator existeret prudentissimus, ut pote, qui per ornatum Ecclesiae nec non monasterii necessariam suppelectilem ac multiplicem variarum rerum administrationem...
4) Hier ist bei Coelestin und anderen Historikern vielfach Ungenauigkeit der Datierung zu bemerken, die Janner I 376, 382 richtig zu stellen versucht.
5) Quinque autem altaria, in quibus totidem pyxides collocatae cum reliquiis, quas praenominatus heros de Lotharingio transtulit in memoria monent teneri. Arnolfus 140.
6) Arnolfus 125.

die später berühmte Männer wurden, ging damals aus dem Kloster hervor, welche die „Emmeramer Kultur" bald in weite Kreise verpflanzten, so¹): Tagino (später in Magdeburg) Poppo (seit 1016 Bischof von Trier), Bischof Balderich von Lüttich, Tito, Abt von St. Peter in Salzburg, Gosbert von Tegernsee, Adalbert von Seeon, Wilhelm von Hirsau²). Deshalb genoss Ramvold (wie auch Wolfgang) die besondere Gunst Otto II., welcher ihn in 6 Urkunden von Zuwendungen an das Kloster aus den Jahren 979—984 fidelis et amabilis noster R. nennt.³) Nach dem Tode Wolfgangs 994 von dem auf das reiche Kloster eifersüchtigen Bischofe Gebhard bei Kaiser Otto III. verklagt, 996 aber wieder von diesem restituirt, starb Ramvold im Jahre 1001 hundertjährig.⁴)

Man sieht also die innigen Beziehungen zu Maximin in Trier, welche Wolfgang und Ramvold vor und nach ihrer Berufung nach Regensburg hatten. Fassen wir alles bisher über den Deckel Beigebrachte zusammen, so kommen wir zu folgendem Urteil:

»Der Abt Ramvold (975—1001) vorher 45 Jahre in
»St. Maximin in Trier thätig als Lehrer und Probst,
»liess nach der Inschrift den Codex renovieren. In
»Bezug auf Miniaturen etc. kann die Renovation nicht
»so bedeutend gewesen sein; sie muss auch am Deckel
»stattgehabt haben. Die noch jetzt am Deckel befind-
»liche Steinfassung charakterisirt sich als einer Gruppe
»von ähnlichen Goldschmiedwerken aus dem Schluss des
»10. Jahrhunderts angehörig. Die ältesten Werke der-
»selben sind aus St. Maximin in Trier, denen der Deckel-
»schmuck sich in seinen Formen anschliesst. Letzterer

---

1) Janner, 371, 372.
2) Man könnte sogar sagen, dass die ganze Hirsauische Reformation ihre Wurzeln in Emmeram und damit indirect in St. Maximin in Trier habe. Abt Wilhelm's Vorrede seiner Reformation: tradidi inprimis, quas a puero didici in Monasterio Sancti Emmerami regularis vitae consuetudines. Coelestin I 132.
3) Coelestin II 103.
4) Arnolfus 125.

»stellt sich also dar als ein Werk ausser dem Kreise der »Trierer Goldschmiedschule zwischen den Jahren 975 »bis 1001.«

Eine andere Frage ist nun die, ob der Deckel auf Bestellung Ramvolds in Trier oder auf seinen Befehl und unter seiner Aufsicht in Emmeram entstanden ist.

Für letztere Annahme sprechen mehrfache Gründe:

1. In Regensburg-Emmeram waren schon vor Ramvold Goldschmiedewerke gefertigt worden. So schreibt Arnolfus (p. 110) von dem Abtbischof Tuto (895—930), eben jenem, welcher den Codex von Arnulf dem Kaiser empfing: Coronnis Principum Caroli, Carlomanni et Arnolfi, addens de suo quantum potuit. B Emmeramo aureum altare (Retabulum, Antependium?) paravit, venustissima forma decoravit, mille gemmis ornavit. Dieser „Altar" erhielt sich bis 1633. wo er an Bernhard von Weimar ausgeliefert werden musste [1]). Von dem Vorgänger des hl. Wolfgang, dem Abtbischof Michael (941—972), welcher dem Kloster in der schon oben berührten Weise viele Güter „entfremdete", heisst es bei Arnolfus (p. 116) Calicem autem aureum, quem opere ac forma satis, ut opinor, decenti eidem gloriosissimo testi passionum Christi paravi ... super altare ponetis. Dabei war Emmeram die Jahrhunderte hindurch benützte Begräbnisstätte der bairischen Herzoge, auch des Kaisers Arnulf, wodurch demselben jedenfalls eine Anzahl kostbarer Geschenke zufloss, die zum Selbstarbeiten anregten und Muster boten. Schon vor Ramvold waren die Mönche gar fleissig; so lobt in einem Diplom 961 Otto I. dieselben ob ihrer Studien und ihres Fleisses.[2]) Und Regensburg gab auch im 10. Jahrhundert als Residenzstadt der Kaiser den Städten Aachen, Köln, Trier nichts nach.

2. Nachdem das renovaverat des Ramvold mit Recht auf den neuen Deckel bezogen wurde, muss auch das renovaverunt

---

1) Coelestin 94.
2) Janner I 341.

der Künstler Aribo und Adalpert in entsprechendem Sinn genommen werden, welche denn, da ihre Namen im Codex stehen, den Deckel in Regensburg gemacht haben. Will man an der Renovirung der Miniaturen festhalten, so könnte man ja eine Arbeitsteilung annehmen. (Der Baier) Aribo besorgte die jedenfalls leichtere Auffrischung der Miniaturen, während in dem Mönch Adalpert (vielleicht vom Mittelrhein) der Meister des Deckelschmuckes zu suchen wäre.

In St. Emmeram ist um diese Zeit ein Mönch (oder zwei) des Namens nachzuweisen. Unter dem Bischof Michael machte der Custos und Probst Adalpert eine Reise nach Jerusalem.[1] Mehr Wahrscheinlichkeit der Renovator des Deckels zu sein hat ein Zweiter. Beim Tode des Ramvold (Juni 1001) waren nämlich anwesend Godehard, Abt von Niederaltaich, seit 1022 Bischof von Hildesheim, und Adalpert, Pater im Kloster Seeon, welches 995 vom Grafen Aribo von Burgilo gegründet und mit Emmeramer Mönchen besetzt wurde. Adalpert wurde noch im gleichen Jahre 1001 von Otto III. zum Abt von Seeon gemacht.[2] Dieser ist also als »religiosus senior« des Emmeramer Klosters für die Zeit Ramvolds nachgewiesen und würde seine Beförderung gerade für seine Bedeutung sprechen. Janner (I, 372, Anm. 4) sieht in ihm und dem oben erwähnten Custos Adalbert bloss eine Person.

3. Der Deckel zeigt kein Email, sondern bloss Glaseinlagen in Zellenmanier. Wäre er in Trier, wo man emailiren konnte, gemacht worden, so hätte man ihn jedenfalls mit Zellenschmelz verziert wie die anderen Werke der Triererschule. Gerade das Fehlen desselben beweist die Herstellung des Deckelschmuckes an einem Orte, wohin diese technischen Fertigkeiten noch nicht gedrungen waren.

4. Am Ciboriumaltärchen des Kaisers Arnulf,[3] jetzt

---
[1] Arnolfus 111.
[2] Arnolfus 139. Mabillon Annal. IV 145.
[3] Zettler, Tafel XVII.

Reiche Kapelle, Residenz München, welches gleichzeitig mit dem Codex aureus 893 in das Kloster Emmeram geschenkt worden war, finden sich Neufassungen von Steinen im Stil des Codexdeckels, nämlich: das mittlere Gesims, die Leibung eines (vorderen) Giebels, die Giebelbekrönung, 2 Lisenen (vorn). Das obere Gesims scheint noch die ursprünglichen spätkarolingischen Fassungen zu tragen. Jene Neufassungen sind jedenfalls in Regensburg-Emmeram angefertigt worden.

5. Einige spätere Werke, welche in Regensburg entstanden sein müssen, zeigen in Form und Ausstattung einen Anschluss an den Codex und das Ciborium.

6. In indirectem Zusammenhang mit Trier ist auch eine Schreibschule um diese Zeit in Emmeram. Ramvold baute seine Krypten, Wolfgang einen eigenen grossen Bibliotheksaal.[1]) — Alles Zeichen eines bedeutenden Aufschwunges. Diese Gründe sprechen für Regensburg selbst als Herstellungsort des Deckels und wir müssen das oben aufgestellte Urteil ergänzen wie folgt;

»Der Rahmen des Deckels mit den Steinfassungen ist »bei einer Renovirung unter Ramvold von Adalpert und »Aribo in Emmeram neu gefertigt und zeigt den engsten »Zusammenhang mit der Trierer Goldschmiedschule Eg-»berts.« —

Es sind nun noch die figürlichen Darstellungen der Basreliefs nach Stil und Entstehungszeit zu bestimmen. An plastischen Vorbildern der gleichen Zeit wie die Steinfassungen sind aus der Trierer Goldschmiedschule vorhanden die in Gold getriebenen Papst- und Bischofsbilder des »Petrusstabes« in Limburg a/L.[2]) und die Basreliefs des Theophanu-

---

1) Janner I 347.
. 2) E. A. Werth „Siegeskreuz".

codex in Echternach-Gotha.¹) Diese aber wie die Reliefs am Deckel der Theophanie (Aebtissin) in Essen,²) an der goldenen Altartafel aus dem Ende des X. Jahrhunderts jetzt an einem Kasten der Marienkirche in Aachen³) sowie die plastischen Arbeiten der nicht viel später blühenden Schule Bernward von Hildesheim (993—1022) können zu einer Vergleichung nicht herangezogen werden; denn sie zeigen alle die kurzen gedrungenen Figuren und starren Gewandfalten, wie sie auch den Miniaturen vom Ende des X. und Beginn des XI. Jahrhunderts eigen sind. Sind die eben aufgeführten Werke alle deutschen Ursprunges, so gibt Labarte,⁴) der die Reliefs des cod. aur. für byzantinisch erklärt, die Abbildung eines in Gold getriebenen Reliefs (ehemals Buchdeckel, jetzt im Louvre, früher in St. Denis) eine durch Inschrift sichere byzantinische Arbeit aus dem Ende des X. oder Beginn des XI. Jahrhunderts, dessen Darstellung im Stil einen absoluten Unterschied besitzt.

In der Elfenbeinplastik, welche ziemlich viele erhaltene Werke liefert, geben die Arbeiten rein byzantinischen Ursprungs ebenfalls keinen Anhaltspunkt. Den Stil gleichzeitiger deutscher Werke zeigt das Relief in Paris; Christus krönt Otto II. und Theophanu.⁵) In Berlin besitzt eine Krenzigung.⁶) bezeichnet als deutsche (rheinische) Arbeit, Ende des XI. (?) Jahrhunderts einen Anklang in den geschnörkelten Gewandfalten. Hierin und in der Unbärtigkeit Christi nähert sich den Codexreliefs ein Elfenbeindeckel, Bodleian Library, Oxford bezeichnet als italienische Arbeit, IX.—X. Jahrhundert,⁷) ebenso eine „fränkische" Arbeit, X.—XI. s.,⁸) eine Majestas, welche auch in der Composition sehr ähnlich ist.

1) Lübke 106. — Otte.
2) E. a. Werth, Kunstdenkmäler Tafel 27.
3) „ „ „ „ „ 34. schlechte Abbildung.
4) l'histoire I p. 50. Pl. X.
5) Lübke Grundriss I 367, schlechte Abbildung.
6) Bode No. 473, Tafel 56.
7) Westwood, fictile ivories No. 126.
8) „ „ „ No. 316.

Die Miniaturen aus dem Ende des X. Jahrhunderts sind ebenfalls kein Vergleichsmaterial, am wenigsten in den von Vöge [1]) in eine Gruppe zusammengestellten Codices. Im Codex Egberti,[2]) der entstanden ist in Reichenau, welches doch durch den hl. Wolfgang direkt und über Trier indirekt Einfluss auf Emmeram hatte, zeigen die Evangelisten, die Scene mit Ehebrecherin und die Austreibung aus dem Tempel eine ganz verschiedene Composition, kurze Figuren, starre Falten. Dasselbe gilt von der Heilung des Aussätzigen im Echternacher Codex,[3]) der in Trier entstanden ist. Diesem schliesst sich an der Codex Otto III. in Aachen und eine Anzahl der in München, Staatsbibliothek, befindlichen Codices aus der Zeit Otto III. und Heinrich II. In der Bamberger Bibliothek zeigen das Gewandmotiv der Codex-aureus-reliefs die Handschriften AII 42 und das aus der Regensburger Malschule stammende Missale Ed II 11 (von der Aebtissin Uota von Niedermünster herrührend, wie Cim 54 in München).

Auffallend ist, dass in irischen Miniaturen die ganz gleichen Faltenmotive seit Beginn des X. Jahrhunderts auftraten, um mit dem Ende desselben in die so charakteristischen linearen Verschnörkelungen auszuarten, so dass diese der karolingischen Kunst (zeitlich) näher stehenden Miniaturen das Motiv reiner zeigen. Beispiele davon sind:

Epistolar des Bischof Aldhelm	X s.	Westwood[4])	fig. 31
Psalter in Bibl. Utrecht	IX s. (?)	„	fig. 29
Missale des Bischof Leofric	X s.	„	fig. 33
Evangeliar in d. Cathedr. Salisbury	X s.	„	fig. 36
M. L. in British Museum	966	„	fig. 47
Benedictionale des Aethelwold	um 975	„	fig. 45
Evangeliar in Trinity College	Ende X	„	fig. 42
Psalter in Bibl. Boulogne	um 1000	„	fig. 39

1) Eine deutsche Malerschule um die Wende des 1. Jahrtausends.
2) Fr. X. Kraus, die Miniaturen des Cod. Egberti.
3) K. Lamprecht in: Jahrbücher d. Vereins v. Altertumsfreunden der Rheinlande. Heft 70 — 1889.
4) Facsimiles of Miniatures.

Ein Vergleich mit den Miniaturen des codex aureus selbst bietet blos für die Majestas und die Evangelisten Anhaltspunkte, da dort biblische Darstellungen ganz fehlen. Christus erscheint auch in den Miniaturen fast immer jugendlich bartlos. Für die Stellung vergleiche das Markusbild fol. 6 b. Die Evangelisten, welche bis auf Johannes auf dem Deckel ebenfalls bartlos sind, finden ihre Analogien in den Codexminiaturen. Doch ist zu bemerken, dass die letzteren eine unruhige Bewegung und forcirte Gebärdensprache zeigen. Das Motiv des Federspitzens, welches sich übrigens bis in die spätromanische Kunst erhält, ist von dem Johannes der Miniaturen auf den Marcus des Deckels übergegangen. Die Evangelistensymbole sind ebenfalls ruhig und natürlich bewegt und tragen Rollen statt Bücher, was ebenfalls mehr auf die karolingische Kunst hinweist. Die Gewandmotivirung ist auf dem Deckel und im Codex vollständig gleich. Die charakteristischen flatternden Zipfel finden sich genau wieder bei den Engeln über dem Karolusbild fol. 5 b, am Lammbild fol. 6 a, an der Majestas fol. 10 b, am Lukas fol. 11 b, dann in den verschiedenen menschlichen Figuren über den Canonestafeln. (Eine Christusfigur in einer Canontafel aus dem Evangeliar von St. Medard in Soissons um 827[1]) ist ganz gleich stilisirt.) Der achtstrahlige Stern kehrt im Codex wieder am Lammbild fol. 6 a, bei dem Christus fol. 46 b und genau beim Johannes, fol. 97 a. Die Rückseite des Willibrodschreins in Emmerich, eines karolingischen Werkes, welches E. a. Werth (Kunstdenkmäler Tafel II u. III) wohl fälschlich in den Beginn des VIII. (!) Jahrhunderts setzt, weist die Sterne ebenfalls auf.

Uebersieht man alle angeführten Vergleichspunkte, so ergibt sich, dass die Reliefs des codex aureus der Entstehungszeit der Steinfassungen nicht angehören, vielmehr sich bedeutend dem (spät-) karolingischen Stil nähern. Die Ent-

---

1) Janitschok, Geschichte der deutschen Malerei. Tafel p. 30.

scheidung, ob sie Originale jener Periode oder blos Nachbildungen solcher sind, gibt glücklicher Weise ein sicheres Werk jener Zeit an die Hand, welches ebenfalls in dem Kloster Emmeram seinerzeit aufbewahrt wurde, 1811 aber in die Reiche Kapelle der Münchner Residenz kam. Es ist das schon erwähnte Ciboriumaltärchen, welches Kaiser Arnulf 893 gleichzeitig mit dem Codex nach Emmeram schenkte.[1] 4 durch Bogen verbundene Säulen stützen eine quadratische flache Decke, auf der wiederum 4 Säulchen mit Würfelkapitälen aufsitzen, die ein kreuzförmiges Giebeldach tragen. Eine Inschrift am mittleren Gesims;

> Rex Arnulfus amore Dei perfecerat istud,
> Ut fiat ornatus sc . . . . . . tibus istis,
> Quem Christus cum discipulis componat ubique

nennt den Stifter. Der Bau aus Holz ist ganz mit Goldblech überzogen. Die acht Teile des Giebeldaches sowie die vier Giebelfelder sind mit in Gold getriebenen Reliefs mit Inschriften geschmückt und zwar sind am Dache:

1) Christus und ein Apostel vor den Blumen: Considerate lilia agri.
2) Christus, Lazarus und eine der Marien: ICRC. Lazarus.
3) Versuchung Christi auf dem Tempel: Sic filius dei mitte te deorsum.
4) Christus, Petrus und 2 Lämmer: Petre amas me?
5) Versuchung Christi auf dem Berge: Vade Satanas.
6) Christus und der Satan: Dic ut lapides, non in solo pane.
7) Christus betritt mit einem Apostel die Stadt.
8) Christus und die Tochter der Wittwe.

In den 4 Giebelfeldern sind: Engel mit Stab und Scheibe, Hand, Lamm, Taube als Symbole der Dreifaltigkeit; in den Ecken noch achtstrahlige Sterne.

Es ist hier nicht der Ort zu untersuchen, wie weit sich

---

[1] Zettler Tfl. XVII im Detail ungenügende Abbildung.

in diesen Darstellungen allenfalls byzantinischer Einfluss bemerkbar macht; aber es ist interessant, in so früher Zeit mehrere biblische Darstellungen ikonographisch festgestellt zu sehen, die in die Miniaturen erst 100 Jahre später aufgenommen werden.

Dass von den Steinfassungen nur einige aus der Entstehungszeit des ganzen Werkes erhalten sind, andere zur Zeit der Renovirung des Codex aurens hinzukamen, ist bereits oben (p. 28) bemerkt.[1])

Die 8 Reliefs auf den Dachflächen zeigen nun in der Auffassung der Figuren, der Unbärtigkeit Christi und seiner Jünger, den Faltenmotiven, in dem Hinschweben über den scholligen Boden eine derartige Uebereinstimmung mit den Darstellungen auf dem Codexdeckel, dass beide Werke nicht blos der gleichen Stilphase angehören, sondern unzweifelhaft aus derselben Werkstätte hervorgegangen sind, **beide also spätkarolingische Kunstwerke wahrscheinlich französischen Ursprunges entstanden zwischen 870 und 893.**

Die Reliefs sind also ein Teil des ursprünglichen Deckelschmuckes und mit ihnen ist auch die Einteilung der Deckelfläche als schon ursprünglich angelegt gegeben. Die hellere Farbe des hiezu verwendeten Goldes trennt sie auch von den späteren Fassungen, die seit dem X. Jhdt. aus eigens rot gefärbtem Gold bestehen, wie es auch Theophilus noch vorschreibt.

Der einzige geschliffene Stein am Codex, der sich im Rahmen des Mittelbildes befindet, trägt das Monogramm ΙΑ

Letzteres war schon öfter Gegenstand mancherlei Vermutungen.

---

1) Arnolfus p. 109 gibt folgende Beschreibung: In quo (toto palatii ornatu) erat ciborium quadratum, cujus auro tectum tabulatum fastigio nerto gemmarum redimitum. Corpus vero ad geminaso specimen dilectionis, similitudinem habens superioris et inferioris, sustentator aureis orto columnellis, quae et ipsae tot virtutum seu beatudinum instar exponunt.

Die Einen lesen darin den Namen der Judith, Mutter Karl des Kahlen, Andere den der Uta, Gemahlin Kaiser Arnulfs. Es könnte aber (neben Juta, Gemahlin Otto I.) auch der Name der Judith, Gemahlin Heinrich des Zänkers und Mutter Heinrich II. sein. Die Entscheidung der Frage wird kaum jemals möglich sein, ist übrigens für die kunsthistorische Bedeutung des Codexschmuckes ganz nebensächlich.

Die Datirung des Deckels wird gewöhnlich mit „975" gegeben. So früh kann er aber kaum fallen, da ja damals Ramvold erst ankam aus Trier und die ersten Jahre jedenfalls mit der Reorganisation des gesunkenen Klosterlebens genug zu thun hatte. 979—980 fällt seine Reise nach Trier. Dann die Erbauung der Krypta, die Schmückung der Altäre, 981 ihre Einweihung. In Trier hat er 980 den eben gefertigten Petrusstab Egberts gesehen und das mag ihn wohl auf die Idee einer Renovirung des Codexdeckels gebracht haben. Zwischen 980 und 983 ist der bedeutende Aufschwung des Klosters zu bemerken, der sich auch in der um diese Zeit besonders hervortretenden Gunst Otto II. kundgibt. Um 981 ist wahrscheinlich auch der Neubau des Bibliotheksaales im Kloster durch den Bischof Wolfgang, die Neuordnung der Bibliothek — alles Gelegenheiten zur Ausführung jenes Werkes, dessen Datum sich also um 5—6 Jahre verschieben würde. Immerhin ist noch ein späteres Datum möglich bis 994, wo das Kloster Seeon gegründet wurde und der Renovator Adalbert dorthin zog.

Der Deckelschmuck des Codex aureus ist also, was den Rahmen mit den Steinfassungen anbelangt, als ein gesichertes deutsches Werk, gefertigt in St. Emmeram im Zusammenhang mit der Trierer Goldschmiedschule Egberts anzusehen. Immerhin aber ist auffallend, dass dort in Trier mit einem Male ein solcher Aufschwung im Goldschmiedehandwerk eintritt. Sind jene Werke der Triererschule sicher von deutschen Künstlern gefertigt und ist heute an keinem byzantinischen Goldschmiedwerke eine ähnliche Steinfassung wie dort bemerkbar, erhalten, so darf das nicht abhalten, jenen Aufschwung doch auf Rechnung byzantinischen Einflusses zu setzen, wie er unter der Kaiserin Theophanu in Trier eben doch vorhanden war und sich in der Prachtliebe des Hofes und aller dort verkehrenden Personen (Egbert, Bernwart) äusserte. Einen weiteren Kreis zu beeinflussen, war aber der byzantinischen Prinzessin schon um dessenwillen nicht möglich, da ihr selbst am Hofe zahlreiche Widersacher entstanden, deren nicht geringste die Kaiserin-Mutter Adelheid, welche die „Fremde" glühend hasste, war; vor allem aber weil mit dem Schluss des 10. Jhdts. die Kongregationen der neureformirten Klöster an Macht und Ausdehnung gewannen.

Unter dem byzantinischen Einfluss entstand damals in Deutschland die Technik des Zellenschmelzes; die über den Stein fassenden Akanthen unseres Deckels sind sicher auf byz. Muster zurückzuführen; und woher die Fassungen à l'arcature stammen, davon gibt noch eine Spur das byzantinische Elfenbeinrelief[1]) des Kaisers Romanus (1068—1070) und seiner Gemahlin Eudoxia; Christus, der die beiden krönt, steht auf einem Schemel, dessen Wände in ganz gleichem Arcadenmotiv durchbrochen sind (v. fig. 8). Das gleiche Motiv zeigen einige Panagijen[2]) an einem alten bulgarischen Zarenkrönungsmantel, wahrscheinlich aus dem XII. Jhdt. stammend (v. fig 9 u. 10.) Woher beim codex aureus die zierlichen Kelche stammen, ist nicht direkt nachzuweisen; wahrscheinlich aber ist ihre Form doch abendländisch; denn auf dem Relief „Heilung der Blinden" ist ein ganz conformer Kelch, ebenso auf der Abendmahlszene auf der goldenen Altartafel in Aachen. Ein schon in den karolingischen Miniaturen häufig auftretendes Dekoratiousmotiv ist auch die Zusammenstellung dreier Goldkörner im Dreieck.

---
1) Bayet, l'art byzantin p. 195.
2) Drewnosti Bd. II, Tafel 33—35.

Ein ebenfalls aus der karolingischen Goldschmiedekunst stammendes Dekorativ ist ferner eine Art „Andreaskreuz", gebildet aus zwei über einander gelegten Goldbändchen; auf ihrem Schnittpunkte sitzt eine Perle. Mit Beginn des XI. Jhdts. tritt eine Veränderung ein, indem statt der Bändchen 4 Schlingen aus Filligran oder statt der 4 blos 3 Arme gebildet werden. Noch ein Motiv, das aber erst mit dem Schluss des X. Jhdt. sich zeigt, ist ein kurzer Kegel, der aus einem feinen Filigranfaden höchst zierlich aufgewickelt ist. Auch die „Arkaden"-Fassung entwickelt sich weiter, indem statt der Bogenöffnungen kleine Rundfensterchen ausgespart werden.

Mit Hilfe dieser characteristischen Decorationsmotive und unter Rücksichtnahme auf historische Notizen wird man aus einer Anzahl von Werken des X. und beginnenden XI. Jhrdts. endlich ein klares Bild der damaligen deutschen Goldschmiedekunst herstellen können und wohl auch die Werke nach gewissen Schulen zu gruppiren vermögen. So weit dies jetzt schon geschehen kann, würde sich etwa folgende Gruppirung ergeben:

I. Der Trierer Werkstätte schliessen sich an die zwei ältesten Kreuze in Essen durch die Arkadenfassungen; dann noch das Lotharkreuz in Aachen und die Fassung eines Blutreliquiars aus Krystall in Limburg a/L.

II. Der Regensburger Werkstätte gehört sicher an das Kästchen zum Uotacodex aus Niedermünster (Cim. 54. Staatsbibl. München). Ihr ist characteristisch die grosse Zahl der künstlerisch gestalteten Steinfassungen und besonders die über den Stein greifenden Acanthen.

III. Die meist aus Bamberg stammenden Schätze Heinrich II. gehören wohl verschiedenen Werkstätten an. Der Deckel von Cim. 58 (von Otto III.) in München (Staatsbibliothek) nähert sich dem Niedermünster-Kästchen; ebenso das Kreuzreliquiar in der Reichen Kapelle in München, der untere Teil der Kunigundenkrone in der Schatzkammer in

München und die ca. 320 originalen Steinfassungen eines 4 Fuss hohen Kreuzes im Domschatz zu Bamberg; obwohl es im XIV. Jhdt. und 1727 manche Abänderung erfuhr[1]), der ursprüngliche Goldblechüberzug entfernt wurde, so beweisen doch die Form des Kreuzes und die Steinfassungen, dass es aus der Zeit Heinrichs II. stammt. Die Deckel des Evangeliars Cim. 56 und des Missale Cim. 57 (ehemals Bamberg, jetzt Staatsbibl. München) können noch nicht sicher eingereiht werden. Dasselbe gilt von dem Evangeliar Otto III. in Aachen, sowie von den beiden jüngeren der 4 Kreuze in Essen und dem Giselakreuz aus Niedermünster (jetzt Reiche Kapelle, München.)

Eine detaillirte Untersuchung der Formen der Ornamente, wie sie an den letztgenannten Werken und am Niedermünster-Kasten in Zellenschmelz ausgeführt sind, wird ferner ergeben — das kann heute schon behauptet werden —, dass fast alle diese Emailen in Deutschland ausgeführt sind, obwohl sie gewöhnlich für byzantinische Werke gelten. Dadurch wird eine Ueberleitung zu den Formen der Goldschmiedewerke, wie sie später am Rhein auftreten, gewonnen. Mit der genaueren Kenntnis der Prachtwerke dieser Zeit wird das heute schon prunkvolle Bild der Kunst der Ottonen noch deutlicher ausgeführt werden können. Es wird aber sich auch zeigen, dass jene Kunst eine Treibhauspflanze war, deren verhältnismässig kurze Blüte eben nur möglich war unter dem warmen Strahl der weltlichen und geistlichen Fürsten, dass sie aber keinen Einfluss auf weitere Kreise gewinnen konnte, die ihr frisches Blut und neues Leben zugeführt hätten, sondern gar bald gleich einer welken Pflanze in sich zusammensank.

---

1) Murr p. 95.

II.

Der Kasten von Niedermünster.

Für das Evangeliar der Aebtissin Uota von Niedermünster (1002—1025) dient ein hölzerner, mit Gold, Edelsteinen und Email geschmückter Kasten als Behälter, der heute zugleich mit dem Codex (Cim. 54) in der Staatsbibl. München sich befindet. Die in der Kunstgeschichte des XI. Jhdts. ja bekannten Miniaturen des Codex zeigen neben ihren echt deutschen Zügen vielfach auffallenden byzantinischen Einfluss. Eine ähnliche Mischung weist der Schmuck des oberen Deckels des Kastens auf. Von einem rechteckigen Rahmen leitet eine schräge Laibung zu einem vertieften Mittelfeld, auf welchem in Gold getrieben die Majestas Christi und die 4 Evangelistensymbole dargestellt sind. Der Rahmen ist besetzt mit Edelsteinen und links mit einem Emailmedaillon: der segnende Christus, rechts mit einem solchen der betenden Maria. Die schräge Laibung war seinerzeit verziert mit ca. 58—60 viereckigen Emailplättchen. Im Laufe der Zeit sind so viele verloren gegangen, dass jetzt symmetrisch verteilt die Laibung blos mehr 19, das Mittelfeld 6 der Plättchen trägt Die Seiten des Kastens sind überzogen mit Silberstreifen, die in gestempelten Ornamenten des XII. Jhdts. abwechselnd Tiere und Figuren zeigen.

Im Mittelbilde sitzt Christus auf einem Stuhl, die Füsse

gestützt auf einen Schemel; in der Linken hält er ein geschlossenes Buch, die Rechte erhebt sich im Lehrgestus. Das Gesicht ist bärtig und umrahmt von schlicht herabfallenden Locken. Die antike Gewandung ist schlecht gefaltet; hinter dem Haupte Christi ist der Kreuznimbus. Hinter dem Stuhle wird noch die obere Hälfte einer Mandorla sichtbar, was beweist, dass die Figur in unverstandener Weise von einem Vorbilde herübergenommen wurde. Die Proportionen der Christusfigur sind ganz falsch; von den 33 cm der ganzen Länge treffen 18 auf den Oberleib. Oberschenkel und Unterarme fehlen ganz, die Hände sind unverhältnismässig lang, das Ohr ist winzig klein. Bart und Haar sind aus grossbolligen Locken gebildet; Finger- und Zehennägel sind blos graviert. Die Vorderseite der Stuhlfüsse, des Schemels und die Mandorla füllt ein einfaches Blattornament romanischen Characters. Statt der Augen sind schwarze Glasperlen eingesetzt. Das ganze Bild ist aus einer Platte getrieben, die höchste Erhebung beträgt 46 mm. Ob die Figur über einen entsprechend geschnitzten Holzkern gelegt ist, kann nicht genau bestimmt werden; wahrscheinlich aber nicht, da einzelne vorspringende Teile der Gewandung stark eingedrückt sind. Der Kopf ist jedoch mit einer Komposition von Wachs und Ziegelmehl ausgefüllt, wie es noch Teophilus vorschreibt.

Die Evangelistensymbole gehören wahrscheinlich einer späteren Zeit an.

Die Fassungen der Edelsteine (alle noch cabochons) im äusseren Rahmen haben eine gleiche Form wie die am Arnulfziborium (v. fig. 11). Was aber bei diesem durch aufgelötheten Filigranfaden gebildet ist, ist bei jenen durch eine von innen getriebene feine Perlenreihe dargestellt. Auch sind die Fassungen nicht ganz durchbrochen. Von den ursprünglichen Fassungen sind nur mehr 34 vorhanden, die andern stammen aus dem 13. und 15. Jhdt. Nach Lötspuren zu urteilen war jeder grössere Stein nach damaligem Geschmack von 4 Perlen umgeben, jedenfalls auch in erhöhter Fassung. Von der sich ergebenden Summe von über 100 Perlen ist heute keine mehr vorhanden. Das Filigran ist nicht mehr von dem strengen regelmässigen Ornament wie noch im 10. Jhdt., sondern überwuchert den ganzen Rahmen unregelmässig, aber höchst zierlich. Es zeigt ein sehr feines Korn, ist aber kein eigentlicher Faden mehr, sondern schon ein aufrecht stehendes Bändchen.

Die durch das Kreuz gebildeten 4 Teile des Nimbus sind in feinem Muster nach Zellenmanier emaillirt. Die Enden der Kreuzbalken zieren kleine Edelsteine und Perlen in minutiöser Fassung. Um den ganzen Nimbus ziehen sich — ein echt byzantinisches Decorativ — an Draht angereihte Perlen. Andererseits aber erscheint in den Zwickeln das echt deutsche Decorativ der im Dreieck zusammengestellten Körner. Der Deckel des Buches, welches Christus in der Linken hält, hat ebenfalls Zellenschmelzverzierung.

Das Medaillon links am Rahmen zeigt in dem einem Achtpass eingefügten Kreise das Brustbild einer bartlosen Figur mit Buch links und segnender Rechten. Diese Figur wurde bisher als Engel angesprochen, das kann sie aber nicht sein, da sie einen Kreuznimbus hat. Und weder ein byzantinischer noch deutscher Emaileur würde einen solchen einem andern Bilde als dem Christi gegeben haben. Es ist also Christus dargestellt. Da er aber bartlos ist, kann wiederum das Medaillon in keiner byzantinischen Werkstätte entstanden sein, sondern ist ein echt deutsches Werk und zwar von sehr guter Ausführung. Schulz (p. 51) hält es mit allen übrigen Emailen des Kastens für byzantinisch, Labarte (l'historie III 27) für deutsch.

Die 8 Halbkreise des Medaillons zeigen ein den kleinen Emailplättchen conformes Ornament.

Das Medaillon rechts zeigt Maria in der Orantenstellung

so wie sie gewöhnlich in den Miniaturen unter dem Kreuze abgebildet ist. Zu ihren beiden Seiten ist die emailirte Inschrift: Ave Maria, gratia plena. Maria trägt keine byz. Haube, die Faltenlinien ihres Gewandes sind sehr wenige und klar geordnet. Dieses und die lat. Inschrift bestätigt den deutschen Ursprung des Werkes. (Auch Labarte hält es für deutsch.)

Zur technischen Ausführung ist zu bemerken, dass sich hier wie auch an echt byz. Arbeiten, seit dem X. Jhdt., eine Vermischung von Zellen- und Grubenmanier des Emails vorfindet. Aus der goldenen Platte ist nämlich der Raum für die ganze Figur (wie beim champlevé) in entsprechender Tiefe ausgehoben und erst in diese Vertiefung die Zellenwände eingelötet.

Eine ähnliche Verschmelzung beider Techniken zeigen die schon erwähnten kleineren Emailplättchen. Es sind 23 quadratische und 2 rautenförmige; von den ersteren stellen 11 verschiedene Tiere, 12 geometrische und pflanzliche Ornamente dar.

Diese Plaquettes werden von Labarte und Schulz als byzantinische Arbeit bezeichnet. Dagegen ist die Gleichheit des Ornamentes mit dem der sicher deutschen Christusmedaillons hervorzuheben. Zwischen den rautenförmigen, den quadratischen mit Ornamenten und denen mit Tierfiguren ist nun auch nicht der geringste technische Unterschied zu erkennen. Auf dem Kreuze der Aebtissin Theophania in Essen sind ferner 6 Plaquetten mit emaillirten Tierfiguren, welche von Schulz und Labarte als deutsche Arbeit angesehen werden. Von diesen 6 Platten sind nun 5 so ähnlich denen vom Niedermünster-Kasten, in Grösse, Farbe und Form, dass sie aus den nämlichen Werkstätten stammen müssen. Unter der ziemlichen Menge byzantinischer Emailen, die erhalten, aber zu wenig bekannt sind, findet sich das Format jener Plättchen fast gar nicht. Für den Export wurden auch fast nur Plaquetten mit Heiligenbildern gefertigt. Auch sind unter den

Ornamenten nicht alle rein byzantinisch. Die häufig auftretende flaschengrüne und lichtblaue Farbe ist an byz. Arbeiten ebenfalls selten.

Das alles kennzeichnet die Emails des Niedermünster-Kastens als deutsche Arbeiten.

Die Steinfassung reiht den Kastenschmuck in die Regensburger Goldschmiedschule ein. Die 2 Medaillons mit Christus und Maria, sind wohl nicht in Regensburg entstanden, sondern werden rheinische Arbeiten sein. Denn sonst wären die Medaillons jedenfalls in der Grösse dem Rahmen angepasst worden und nicht, wie es wirklich geschah, einfach aufgesetzt und was davon vorstand, in wenig kunstsinniger Weise umgebogen. Doch sind sie gleichzeitig mit dem Rahmen angebracht worden. Unbedingt aber mit dem Mittelbild, der Majestas, gleichzeitig sind die Emailen des Nimbus und des Buchdeckels gefertigt, stammen also sicher aus Regensburg selbst, wie vielleicht auch die kleinen viereckigen Plaquetten. Neben echten byz. Arbeiten, die ja ein Regensburger Kloster sehr wohl besitzen konnte und die ein Muster abgegeben hätten, kann auch das seit 1006 oder 1008 in Niedermünster befindliche Kreuz mit Emailen, welches die Königin Gisela Schwester Heinrichs II. dorthin schenkte, als Vorbild gedient haben. Das bayer. Nat.-Museum besitzt eine Rundscheibe mit der emaillirten Darstellung eines Engels (von der Tradition bezeichnet als Bild der Kaiserin Uta), eine deutsche Arbeit aus dem Beginn des XI. Jhdts., welche früher in Emmeram war. Ob sie aber damals schon den Klosterschatz schmückte, ist freilich ungewiss. Immerhin ist auch der technische Grund, dass die Emails gleichzeitig und zusammenhängend mit dem Relief gefertigt wurden, zwingend genug eine Emailwerkstätte für diese Zeit in Regensburg anzunehmen.

Literatur.

1. **Arnolfus Monachus**: de miraculis b. Emmerami libri duo in Henr. Canisii lectiones antiquae mit Commentar von Jacob. Basnage. — Antwerpen 1725.
2. **Bayet**: l'art byzantine — Paris?
3. **St. Beissel**: in „Stimme aus Maria Laach, 27. Band 1884.
4. **St. Beissel**: Die Bilder der Handschrift des Kaiser Otto III. im Münster zu Aachen. Aachen 1889.
5. **Bericht** von denen hl. Leibern und Reliquien, welche im fürstl. Reichs-Gottes-Hause Sct. Emmerami aufbewahrt werden. Regensburg 1761.
6. **Dr. Fr. Bock**: Der Kunst- und Reliquienschatz des Kölner Doms. Köln 1870.
7. **Fr. Bock**: Der Reliquienschatz des Liebfrauenmünsters zu Aachen. Aachen 1860.
8. **Fr. Bock**: Karl des Grossen Pfalzkapelle und ihre Kunstschätze. Köln 1867.
9. **Fr. Bock**: Die Kleinodien des hl. römischen Reiches deutscher Nation.
10. **Bode und Tschudi**: Bildwerke der christlichen Epoche der k. Museen in Berlin. Berlin 1888.
11. **Bolland**: Acta Sanctorum. 11. Juli; 17. Juni.
12. **Coelestin**: Mausoleum Scti Emmerami bis 1680, fortgesetzt und kommentirt vom Abte Joh. Baptist bis 1752. I. Band: Historica. II. Band: Liber Probationum.
13. **Didrou**: Annales archéologiques.
14. **Drebnosti**: Altertümer des russischen Reiches. Atlas II Band. Moskau 1849.
15. **Eckhardt**: Georg ab —: Commentarii de rebus Franciae Orientalis. Würzburg 1729.

16. Centralkommission: Mitteilungen der — zur Erhaltung der Baudenkmäler XIII (1873).
17. v. Falke: Geschichte des Kunstgewerbes.
18. Förster: Geschichte der deutschen Kunst. I. Band. Leipzig 1860.
19. Frisi: Memorie storiche di Monza et sua corte III. Milano 1794.
20. Grueber: Das Stift des hl. Johannes Baptist in Monza. Regensburg 1840.
21. Janner: Geschichte der Bischöfe von Regensburg. I. Band bis 1126.
22. Fr. X. Kraus: Die Miniaturen des Codex Egberti. Freiburg 1884.
23. Labarte: l'histoire des arts industriels au moyenage I. u. III. Band.
24. Labarte: peinture-Recherches sur la peinture én émail. Paris 1856.
25. K. Lamprecht: Der Bilderschmuck des cod. Egberti zu Trier und des cod. Epternacensis zu Gotha; in den Jahrbüchern des Vereins von Altertumsfreunden der Rheinlande; Heft 70 — 1889.
26. Linas: les origines de l'orfévrerie cloisonnée Paris 1877.
27. Lübke: Geschichte der deutschen Kunst — Stuttgart 1890.
28. Lübke: Grundriss der Kunstgeschichte — Stuttgart 1879.
29. Mabillon: Annales Benedict. III. IV. Bd. — Paris 1706.
30. Mausoleum: siehe Coelestin.
31. v. Murr: Merkwürdigkeiten der fürstbischöflichen Residenzstadt Bamberg — Nürnberg 1799.
32. Pasini-Ongania: Il Tesoro di San Marco. IV. Band. Venedig 1885.
33. Rupin: l'oeuvre de Limoges. — Paris 1890.
34. v. Schauss: Die Schatzkammer des bair. Königshauses. I. Bd. — Nürnberg.
35. Sanftl: Dissertatio in aureum ac pervetustum S. Evangelivrum codicem Monasterii S. Emmerami. Ratisbonae 1786.
36. Schulz: Der byzantinische Zellenschmelz. Frankfurt 1890.
37. Sighart: Geschichte der bildenden Künste in Bayern. München 1862.
38. Theophilus: Schedula diversarum artium übersetzt von Albert Ilg in den Quellenschriften für Kunstgeschichte. Wien 1874.

39. Vöge: Eine deutsche Malerschule — Trier 1891.
40. E. a. Werth: Kunstdenkmäler d. christl. Mittelalters in den Rheinlanden — Leipzig 1857.
41. E. a. Werth: Siegeskreuz der byz. Kaiser Constantin VII und Romanns II. Bonn 1866.
42. Westwood: Fictile Joories, descriptive of the . . . . — London 1876.
43. Westwood: Facsimiles of Miniatures — London 1868.
44. Zettler: Enzler u. Dr. Stockbauer: Ausgewählte Kunstwerke aus dem Schatz der reichen Kapelle.
45. Havet: Lettres de Gerbert (983—997) — Paris 1889.
46. Andreas du Chesne: Historiae Francorum Scriptores II. Bd. Paris 1636.